松亭 金赫濟 校註

明 文 堂

明文啓蒙篇 目次

啓蒙篇

간단한 漢文 語句에 한글로 토를 달고, 이를 번역한 책. 1권1책으로 되어 있으며, 저자나 연대가 未詳이고 여러가지 異版이 있음.

啓 열계
係 매일계
岳 메뿌리악
載 실을재
酸 실산
鹹 짤함
辛 매울신
甘 달감
苦 쓸고
味 맛미
角 풍악각
徵 풍악치
億 억억
總 다종
數 두어수

明文啓蒙篇

松亭 金赫濟 校註

◉首篇 (意)첫머리에 붙이는 글。

◉上有天하고下有地하니天地之間에有人焉하고有萬物焉하니日月星辰者는天之所係也요江海山岳者는地之所載也요父子君臣長幼夫婦朋友者는人之大倫也니라

(意)위에 하늘이 있고 아래에 땅이 있으니 하늘과 땅 사이에 사람이 있고 만물이 있나니 해와 달과 별은 하늘에 매인 바요 강과 바다와 메는 땅에 실린 바요 아비와 자식과 임금과 신하와 어른과 어린이와 지아비와 지어미와 벗은 사람의 큰 차례니라。

以東西南北으로定天地之方하고以靑黃赤白黑으로定物之色하고以酸鹹辛甘苦로定物之味하고以宮商角徵羽로定物之聲하고以一二三四五六七八九十百千萬億으로總物之數하니라

(意)동쪽(봄 방위) 서쪽(가을 방위) 남쪽(여름 방위) 북쪽(겨울 방위)으로써 하늘과 땅의 방위를 정하고 푸르고(동방 나무빛) 누르고(중앙 흙빛) 붉고(남방 물빛) 희고(서방 쇠빛) 검은(북방 불빛) 것으로써 만물의 빛을 정하고 시고(나무 맛) 짜고(물 맛) 매웁고(쇠 맛) 달고(흙 맛) 쓴(불 맛) 것으로써 만물의 맛을 정하고 궁(흙에 속한 목구멍 소리)와 상(쇠에 속한 잇소리)와 각(나무에 속한 어금니 소리)와 치(불에 속한 혀 소리)와 우(물에 속한 입시울 소리)로써 만물의 소리를 정하고 하나、둘、셋、넷、다섯、여섯、일곱、여덟、아홉、열、백、천、만、억으로써 만물의 수를 정하느니라。

緯 씨위
尾 별이름미
箕 별이름기
危 별이름위
壁 별이름벽
奎 별이름규
婁 별이름루
胃 별이름위
昴 별이름묘
畢 별이름필
觜 별이름자
參 별이름삼
翼 별이름익
軫 별이름진
宿 별이름수

◐天篇 (意)하늘에 관한 글。

◐日出於東方하야入於西方하나니日出則爲晝요日入則爲夜니夜則月星著見焉하나니라

(意)해는 동쪽에서 떠서 서쪽으로 지니 해가 뜨면 낮이되고 해가 지면 밤이 되니 밤에는 달과 별이 나타나 보이느니라。

天有緯星하니金木水火土五星이是也요有經星하니角亢氐房心尾箕斗牛女虛危室壁奎婁胃昴畢觜參井鬼柳星張翼軫二十八宿ㅣ是也ㅣ라

(意)하늘에는 위성(떠돌이별)이 있으니 금성(太白) 목성(歲星) 수성(辰星) 화성(熒惑) 토성(塡星) 다섯별(五行星)이 이것이요 경성(샛별)이 있으니 각(이성) 항(사성) 저(사성) 방(사성) 심(사성) 미(구성) 기(사성)〔동방칠두(靑龍)〕 두(육성) 우(육성) 여(사성) 허(이성) 위(삼성) 실(이성) 벽(이성)〔북방칠두(玄武)〕 규(십육성) 루(삼성) 위(삼성) 묘(칠성) 필(팔성) 자(삼성) 삼(십성)〔서방칠두(白虎)〕 정(팔성) 귀(오성) 유(팔성) 성(칠성) 장(육성) 익(이십이성) 진(사성)〔남방칠두(朱雀)〕 스물여덟 별이 이것이니라。

一晝夜內에有十二時하니十二時ㅣ會而爲一日이요三十日이會而爲一月하고十有二月이合而成一歲니라

(意)하루에는 열두 때(一時는 八刻이고 一刻은 十五分이다)가 있으니 열두 때가 모여 하루가 되고 설흔 날이 모여 한달이 되고 열두 달이 모여 한해를 이루니라 지금은 일일을 이십사시로 나누었으나 옛날에는 십이시로 나누었느니라。

或 혹혹　歲 햇쉐　閏 윤달 윤　丑 소축　寅 동방 인　卯 토끼 묘　巳 뱀사　午 낮오　申 납신　酉 닭이 유　戌 개술　亥 돌해　庚 별경　壬 북방 임　癸 북방 계

月或有小月하니 小月則二十九日이 爲一月이요 歲或有閏月하니 有閏月則十三月이 成一歲라 十二時者는 即地之十二支也ㅣ니 所謂十二支者는 子丑寅卯辰巳午未申酉戌亥也요 天有十干하니 所謂十干者는 甲乙丙丁戊己庚辛壬癸也ㅣ라니

(意) 달이 혹 작은 달이 있으니 작은 달은 이십구일이 한달이 되고 윤달(절기에 남고 달 적은 것이 모인것)이 있으니 윤달이 있으면 열석달이 한해를 이루느니라 열두 때는 땅의 열두지니(가지) 이른바 열두지는 자(정북·쥐) 축(북동·소) 인(동북·범) 묘(정동·토끼) 진(동남·용) 사(남동·뱀) 오(정남·말) 미(남서·양) 신(서남·납) 유(정서·닭) 술(서북·개) 해(북서·돝)요 하늘에 열간(줄기)이 있으니 이른 바 열간은 갑을(동방·목) 병정(남방·화) 무기(중앙·토) 경신(서방·금) 임계(북방·수)라。 ○이 글은 음력에 관한 것이요 양력은 큰 달이면 삼십일일이고 작은 달이면 삼십일이며 이월만이 평년이면 이십팔일이고 윤년이면 이십구일이니라。

天之十干이 與地之十二支로 相合而爲六十甲子하니 所謂六十甲子者는 甲子乙丑丙寅丁卯至壬戌癸亥是也ㅣ라니

(意) 하늘의 열간과 땅의 열두지로 더불어 서로 합하여 육십 갑자 되나니 이른 바 육십 갑자는 갑자 을축 병인 정묘로부터 임술 계해에 이르름이 이 것이니라。

十有二月者는 自正月로 至十二月也ㅣ라 一歲之中에 亦有四時하니 四時者는 春夏秋冬이 是也ㅣ라

屬 붙일 속
晝 낮 주
夜 밤 야
短 짧을 단
氣 기운 기
暑 더울 서
均 고를 균
微 적을 미
溫 따슬 온
凉 서늘할 량
盡 다할 진
復 다시 부
相 서로 상
功 공 공
熟 익을 숙

(意)열두달은 정월 이월 삼월로부터 십이월에 이르니라 한해 가운데 네 매가 있으니 네 매는 봄과 여름과 가을과 겨울이 이것이니라

以十二月로分屬於四時하니正月二月三月은屬之於春하고四月五月六月은屬之於夏하고七月八月九月은屬之於秋하고十月十一月十二月은屬之於冬하니晝長夜短而天地之氣ㅣ大暑則爲夏하고夜長晝短而天地之氣ㅣ大寒則爲冬이니春秋則晝夜長短이平均而春氣는微溫하고秋氣는微凉이니라

(意)열두달을 나누어 네 때에 붙이니 정 이 삼월은 봄에 속하고 사 오 유월은 여름에 속하고 칠 팔 구월은 가을에 속하고 십 십일 십이월은 겨울에 속하니 낮은 길고 밤은 짧으며 하늘과 땅의 기운이 크게 더운즉 여름이 되고 밤은 길고 낮은 짧으며 하늘과 땅의 기운이 크게 찬즉 겨울이 되나니 봄과 가을인즉 낮과 밤이 길고 짧은 것이 비슷하고 봄은 따뜻하고 가을은 서늘하니라。

春三月이盡則爲夏하고夏三月이盡則爲秋하고秋三月이盡則爲冬하고冬三月이盡則復爲春하니四時ㅣ相代而歲功이成焉이니라。

(意)봄 석달이 다하면 여름이 되고 여름 석달이 다하면 가을이 되고 가을 석달이 다하면 겨울이 되고 겨울 석달이 다하면 다시 봄이 되나니 네 매가 서로 대신하여 해의 공을 이루나니라。

春則萬物이始生하고夏則萬物이長養하고秋則萬物이成熟하고

閉 닫을 폐
收 걷을 수
功 공 공
篇 책 편
藏 감출 장
高 높을 고
處 곳 처
便 편할 편
卑 낮을 비
謂 이를 위
丘 언덕 구
峻 높을 준
岳 메뿌리 악
岡 메 강
嵩 높을 숭

冬則萬物이 閉藏하나니 然則萬物之所以生長收藏이 無非四時之功也ㅣ니라

(意)봄이면 만물이 싹이 나고 여름이면 만물이 걸게 자라고 가을이면 만물이 익고 겨울이면 만물이 닫치고 감취지나니 그러한즉 만물이 써 나며 자라며 거두며 감추는데 사시의 공이 아닌것이 없나니라。

◉地篇 (意)땅에 관한 글。

◉地之高處ㅣ便爲山이요 地之低處ㅣ便爲水ㅣ니 水之小者를 謂川이요 水之大者를 謂江이요 山之卑者를 謂丘ㅣ요 山之峻者를 謂岡이니라

(意)땅이 높은 곳은 메가 되고 땅이 낮은 곳은 물이 되니 물 작은 것을 내라 이르고 물 큰 것을 강이라 이르고 메 낮은 것을 두덕이라 이르고 메 큰 것을 메뿌리라 하나니라。

天下之山이 莫大於五岳하니 五岳者는 泰山嵩高山衡山恒山華山也ㅣ요 天下之水ㅣ 莫大於四海하니 四海者는 東海西海南海北海也ㅣ라

(意)천하의 산이 다섯 메뿌리에서 큰 것이 없으니 다섯 메뿌리는 태산(東岳) 숭산(中岳) 형산(南岳) 항산(北岳) 화산(西岳)이요 천하의 물이 네 바다에서 큰 것이 없으니 네 바다는 동해 서해 남해 북해니라。

與 더불 여　興 일 흥　衡 저울대 형　霧 안개 무　降 내릴 강　雷 우뢰 뢰　蒸 찔 증　鬱 답답 울　油 기름 유　沛 자빠질 패　凝 엉길 응　測 헤아릴 측　畫 그을 획　邦 나라 방　郭 성곽 곽

山海之氣ㅣ上與天氣로 相交則興雲霧하며 降雨雪하며 爲霜露하며 生風雷니라

(意)산과 바다의 기운이 올라 하늘의 기운과 더불어 서로 어울리면 구름과 안개를 이르키어 비와 눈을 내리며 서리와 이슬이 되어 바람과 우뢰를 내느니라。

暑氣ㅣ蒸鬱則油然而作雲하야 沛然而下雨하고 寒氣ㅣ陰凝則露結而爲霜하고 雨凝而成雪故로 春夏에 多雨露하고 秋冬에 多霜雪하니 變化莫測者는 風雷也ㅣ니라

(意)더운 기운이 증울(훈증 응울)하면 유연(구름이 성한 모양)히 구름을 이르키어 패연(비 많은 모양)히 비를 내리고 찬 기운이 음응(음탕 응결)하면 이슬이 맺히어 서리가 되고 비가 엉키어 눈을 이루는 고로 봄과 여름에 비와 이슬이 많고 가을과 겨울에 서리와 눈이 많으니 변화 측량치 못할 것은 바람과 우뢰니라。

古之聖王이 畫野分地하여 建邦設都하시니 四海之內에 其國이 有萬而一國之中에 各置州郡焉하고 州郡之中에 各分鄉井焉하고 爲城郭하여 以禦寇하고 爲宮室하여 以處人하고 爲耒耜하여 敎民耕稼하고 爲釜甑하여 敎民火食하고 作舟車하여 以通道路하시니라

(意)옛날 거룩한 임금이 들을 그어 땅을 나누어서 나라를 세우고 도읍을 베푸시니 사해 안에 나라가 많이 있고 한 나라 가운데

禦 막을 어
耒 따비 뢰
耟 보습 사
耕 갈 경
稼 심을 가
釜 솥 부
甑 시루 증
器 그릇 기
穀 곡식 곡
取 취할 취
飮 마실 음
窮 궁할 궁
竭 다할 갈
克 이길 극
操 잡을 조

각각 주와 군을 두고 주와 군의 가운데에 각각 향과 정을 나누어 성과 곽을 만들어 도둑을 막고 궁과 실을 만들어서 사람을 살게 하고 뇌와 사를 만들어서 백성에게 밭 갈고 곡식 심기를 가르치고 솥과 시루를 만들어서 백성에게 불로 밥 지어 먹게 가르치고 배와 수레를 만들어서 길을 통하게 하시니라。

金木水火土ㅣ在天에爲五星이요在地에爲五行이니金은以爲器하고木은以爲宮하고穀生於土하여取水火爲飮食則凡人日用之物이無非五行之物也ㅣ니라

(意) 금목수화토는 하늘에 있어 오성(오행 성기로 별)이 되고 땅에 있어 오행이 되니 쇠는 써 그릇을 하고 나무는 써 집을 짓고 곡식은 흙에서 나서 물과 불을 가져 음식을 만들면 뭇사람이 날로 쓰는 물건이 오행의 물건 아닌 것이 없나니라。

五行이固有相生之道하니水生木하고木生火하고火生土하고土生金하고金이復生水하니五行之相生也ㅣ無窮而人用이不可焉ㅣ이라。

(意) 오행이 진실로 서로 낳는 도가 있으니 물은 나무를 낳고 나무는 불을 낳고 불은 흙을 낳고 흙은 쇠를 낳고 쇠가 다시 물을 낳나니 오행이 서로 낳음이 무궁해서 사람의 씀이 다하지 못하니라。

五行이亦有相克之理하니水克火하고火克金하고金克木하고木克土하고土ㅣ復克水하니乃操其相克之權하여能用其相生之物者

權 권세 권
動 움직 일동
植 심을 식
禽 새 금
獸 짐승 수
蟲 버레 충
較 비교 할교
著 나타 날져
鱗 비늘 린
介 갑옷 개
卵 알 란
翼 날개 익
胎 태 태
乳 젖 유
巢 깃들 일소

는是人之功也니라

(意)오행이 서로 이기는 것이 있으니 물이 불을 이기고 불이 쇠를 이기고 쇠는 나무를 이기고 나무는 흙을 이기고 흙이 다시 물을 이기니 이에 그 서로 이기는 권세를 잡아 능히 서로 낳는 물건을 쓰는 것은 이 사람의 공이니라。

◐物 篇 (意)만물에 관한 글。

◐天地生物之數ㅣ有萬其衆而若言其動植之物則草木禽獸蟲魚之屬이最其較著者也ㅣ니라

(意)하늘과 땅의 생물의 수 그 무리가 많이 있어 그 동물과 식물을 말하면 풀과 나무와 새와 즘승과 버레와 고기의 붙이가 가장 더 두드러진 것이니라。

飛者ㅣ爲禽이요走者ㅣ爲獸ㅣ요鱗介者ㅣ爲蟲魚ㅣ요根植者ㅣ爲草木이니라

(意)날으는 것을 새라하고 닫는 것을 짐승이라하고 비늘과 껍질 있는 것을 버레와 고기라하고 뿌리 박힌 것을 나무라하느니라。

飛禽은卵翼이요走獸는胎乳하니飛禽은巢居하고走獸는穴處하고蟲魚之物은化生者ㅣ最多而亦多生於水濕之地니라

(意)날으는 새는 난익(알 안아 날개로 기른단 말)하고 닫는 짐승은 태유(새끼 배어 젖으로 기른단 말)하니 날으는 새는 깃에 살고 닫는 짐승은 구멍에 살고 버레와 고기중에는 화생되는 것이 많고 또한 물과 비습한 땅에서 많이 나느니라。

穴 구멍 혈
濕 젖을 습
脫 벗을 탈
虎 범 호
豹 표범 표
犀 물소 서
象 코끼리 상
鷄 닭 계
犬 개 견
畜 기를 축
墾 개간할 간
乘 탈 승
載 실을 재
牙 어금니 아
皮 가죽 피

春生而秋死者ㅣ草也ㅣ요秋則葉脫而春復榮華者ㅣ木也ㅣ라其葉이蒼翠요其花ㅣ五色이니其根이深者는枝葉이必茂하고其有花者는必有實이니라

(意)봄에 나고 가을에 죽는 것이 풀이요 가을에 잎새 벗고 봄에 다시 영화(무성단 말)하는 것이 나무라 그 잎새 푸르고 그 꽃이 다섯 빛이니 그 뿌리 깊은 것은 가지와 잎새 반드시 무성하고 그 꽃이 있는 것은 반드시 그 열매 있나니라.

虎豹犀象之屬은在於山하고牛馬鷄犬之物은畜於家하니牛以耕墾이요馬以乘載요犬以守夜ㅣ요鷄以司晨이요犀取其角이요象取其牙ㅣ요虎豹는取其皮ㅣ니라

(意)범 표범 물소 코끼리(남방 외국 것)의 유는 산에 있고 소와 말과 닭과 개는 집에서 치나니(六畜 소 말 닭 개 양 돝) 소는 써 밭 갈고 말은 써 타고 싣고 개는 써 밤을 지키며 닭은 써 새벽을 알리고 물소는 그 뿔을 취하고 코끼리는 어금니를 취하고 범과 표범은 가죽을 취하느니라.

山林에多不畜之禽獸하고川澤에多無益之蟲魚故로人以力殺하고人以智取하여或用其毛羽骨角하고或供於祭祀賓客飮食之間이니라

(意)메와 수풀에 치지 못할 새와 짐승이 많고 내와 못에 유익함이 없는 버레와 고기가 많은 고로 사람의 힘으로 써 죽이고 지혜로

骨 뼈 골　麒 기린 기　麟 기린 린　鳳 새 봉　凰 새 황　龜 거북 구　龍 용 룡　稻 벼 도　粱 기장 량　黍 기장 서　稷 피 직　粢 제사 밥 자　菽 콩 숙　麰 보리 모　麥 보리 맥

써 잡아 혹 그 털과 깃과 뼈와 뿔을 쓰고 혹 제사에 쓰며 손 대접하는 음식의 사이에 이바지 하느니라。

走獸之中에 有麒麟焉하고 飛禽之中에 有鳳凰焉하고 蟲魚之中에 有靈龜焉하고 有飛龍焉하니 此四物者는 乃物之靈者也ㅣ라 故로 或出於聖王之世ㅣ니라

(意) 닫는 짐승 가운데 기(수)린(암)이 있고(목에 속한 毛虫삼백 육섭 중에 으뜸) 날으는 새 가운데 봉(수) 황(암)이 있고(화에 속한 羽虫삼백 육섭 중에 으뜸) 버레와 고기 가운데 신령한 거북이 있고(금에 속한 介虫삼백 육섭 중에 으뜸) 나는 용이 있으니(수에 속한 鱗虫삼백 육섭 중에 으뜸) 이 네가지 동물은 물의 신령하고 이상한 것이라 그런고로 혹 거룩한 임금의 세상에 나오느니라。

稻粱黍稷은 祭祀之所以供粢盛者也ㅣ요 豆菽麰麥之穀은 亦無非養人命之物故로 百草之中에 穀植이 最重이오 犯霜雪而不凋하고 閱四時而長春者는 松栢也ㅣ니 衆木之中에 松栢이 最貴니라

(意) 벼 조 기장 피는 제사의 써 자성(제사에 그릇에 담는것)을 이바지하는 바요 팥(小豆) 콩(大豆) 보리(大麥)의 곡식은 또한 사람을 키우는데 없어서는 안되므로 백가지 풀의 가운데 곡식이 가장 중하고 서리와 눈은 범하여 시들게 못하고 사시를 지내여 길이 봄인 것은 소나무와 잣나무니 여러 나무 가운데 송백이 가장 귀하니라。

梨栗柿棗之果ㅣ 味非不佳也ㅣ로되 其香이 芬芳故로 果以橘

犯 범할 범
凋 여윌 조
閱 열력할 열
栢 잣 백
柿 감 시
棗 대추 조
芬 꽃다울 분
芳 꽃다울 방
橘 귤 귤
柚 유자 유
蘿 당다미 라
蔔 무 복
蔓 넌출 만
菁 무청
芥 겨자 개

柚로爲珍하고蘿蔔蔓菁諸瓜之菜ㅣ種非多也ㅣ로되其味辛烈故로菜以芥薑으로爲重이니라

(意)배 밤 감 대추의 맛이 좋지 않음이 아니로되 그 향기 꽃다운고로 과실은 귤 유자로써 보배로움을 삼고 나복과 만청 모든 외의 나물이 종류가 많지 않음이 아니로되 그 맛이 매움이 맹렬한 고로 나물을 겨자와 생강으로써 중함을 삼나니라。

水陸草木之花ㅣ可愛者ㅣ甚繁而陶淵明은愛菊하고周濂溪는愛蓮하고富貴繁華之人은多愛牧丹하나니淵明은隱者故로人以菊花로比之於隱者하고濂溪는君子故로人以蓮花로比之於君子하고牧丹은花之繁華者故로人以牧丹으로比之於繁華富貴人이니라

(意)물과 물에 풀과 나무의 꽃이 가히 사랑할 것이 심히 많되 연명(晉陶 처사 이름)은 국화를 사랑하고 주염계(宋人 이름 돈이)는 연화를 사랑하고 부귀 번화한 사람은 많이 목단(모란)을 사랑하나니 연명은 은자(어진 사람이 세상을 피하여 산림에 숨은 이)인 고로 사람이 국화로써 은자에게 비하고 염계는 군자(덕을 이룬 이)인 고로 사람이 연화로 군자를 비하고 목단은 번화하므로 사람이 목단으로써 번화 부귀한 사람에게 비하나니라。

物之不齊는乃物之情故로以尋丈尺寸으로度物之長短하고以斤兩錙銖로稱物之輕重하고以斗斛升石으로量物之多寡ㅣ니라

薑 새양 강
濂 물갓 렴
牧 먹일 목
斤 근 근
錙 저울눈 치
銖 저울눈 수
斛 휘 곡
寡 적을 과
幼 어릴 유
朋 벗 붕
祖 할아비 조
叔 아재비 숙
姪 조카 질
妻 아내 처
婿 사위 서

(意)물건이 가지런치 않음은 이에 물건의 정인고로 심장 척촌으로써 물건이 길고 짧은 것을 헤아리고 근량 치수로써 물건의 가볍고 무거운 것을 달게하고 말 휘 되 섬으로써 많고 적음을 나누느니라。

算計萬物之數ㅣ莫便於九九하니所謂九九者는九九八十一之數也ㅣ니라

(意)만물의 수를 나누어 가르는데 구구에서 편한 것이 없나니 이른바 구구라 하는 것은 아홉의 아홉이 여든 하나의 수니라 (구구팔십일)

◐人 篇 (意)사람에 관한 글。

◐萬物之中에惟人이最靈하니有父子之親하며有君臣之義하며有夫婦之別하며有長幼之序하며有朋友之信이니라

(意)만물의 가운데 사람이 가장 영장이니 아비와 자식에 친함이 있으며 임금과 신하에 의의 있으며 지아비와 지어미에 다름이 있으며 어른과 어린이에게 차례 있으며 벗에 신의 있나니라。

生我者ㅣ爲父母요ㅣ我之所生이爲子女요ㅣ父之父ㅣ爲祖요ㅣ子之子ㅣ爲孫이요ㅣ與我同父母者ㅣ爲兄弟요ㅣ父母之兄弟ㅣ爲叔이요兄弟之子女ㅣ爲姪이요子之妻ㅣ爲婦요ㅣ女之夫ㅣ爲婿ㅣ니라

(意)나를 낳으신 이 부모이고 내가 낳은 바는 아들과 딸이 되고 아비의 아비 할아버지 되고 아들의 아들 손자 되고 나와 같이 부모

婚 혼인 혼
姻 혼인 인
禮 예도 례
重 무거울 중
勤 부지런할 근
懷 품을 회
免 면할 면
死 죽을 사
沒 빠질 몰
致 이를 치
喪 초상 상
報 갚을 보
恩 은혜 은
耕 갈 경
野 들 야

를 같이한 이 형제 되고 부모의 형제 아저씨 되고 형제의 자식 조카 되고 아들의 처 며느리 되고 딸의 남편 사위 되나니라。

有夫婦然後에 有父子하니 夫婦者는 人道之始也ㅣ라 故로 古之聖人이 制爲婚姻之禮하여 以重其事하시니라

(意)부부 있은 연후에 아비와 자식이 있으니 부부란 것은 사람 도리의 시초이니라 그러므로 옛 성인이 혼인의 예를 만들어 그 일을 중하게 하시니라。

人非父母면 無從而生이라 且人生三歲然後에 始免於父母之懷故로 欲盡其孝則服勤至死하고 父母ㅣ沒則致喪三年하여 以報其生成之恩이니라

(意)사람이 부모 아니면 세상에 나오지 못하고 또 낳은지 세살 후래야 비로소 어머니의 품에서 떨어지니 효도를 극진히 하고자 한들 수고로움을 복행하여 죽음에 이르고 부모 돌아가시면 삼년상을 극진히 마침으로써 그 낳아 기르신 은혜를 갚을지니라。

耕於野者는 食君之土하고 立於朝者는 食君之祿이니 人이 固非父母則不生이요 亦非君則不食故로 臣之事君이 如子事父하여 唯義所在則舍命效忠이니라

(意)들에서 밭가는 이는 임금의 땅을 먹고 조정에 섰는 이는 임금의 녹을 먹나니 사람이 진실로 부모 아니면 낳지 못하고 또한 임금이 아니면 먹지도 못하는 고로 신하가 임금 섬기기를 자식이 아비 섬김 같이 하여 오직 의의 있는 바이면 목숨을 버

祿 녹 록
輩 무리 배
踰 넘을 유
況 하물며 황
鄕 시골 향
黨 무리 당
敬 공경할 경
齒 이 치
爵 벼슬 작
德 큰 덕
輔 도울 보
蓋 덮을 개
責 책할 책

리고 충성을 효측할찌니라。

人於等輩에 尚不可相踰어든 況年高於我하고 官貴於我하고 道尊於我者乎아 故로 在鄕黨則敬其齒하고 在朝則敬其爵하여 尊其道而敬其德이 是禮也ㅣ니라

(意)사람의 무리에 가히 서로 넘지 못하거든 하물며 나이 나보다 많고 벼슬이 나보다 커하고 도가 나보다 높은 이랴? 그런고로 향당에 있으면 그 나이를 공경하고 조정에 있으면 그 벼슬을 공경하여 그 도를 존중이하며 그 덕을 공경함이 이것이니라。

曾子ㅣ曰君子는 以文會友하고 以友輔仁이라하시니 蓋人不能無過而朋友는 有責善之道故로 人之所以成就其德性者는 固莫大於師友之功이라 雖然이나 友有益友하고 亦有損友하니 取友를 不可不端也ㅣ니라

(意)증자(이름은 參 자는 子輿)ㅣ 말씀하시기를 군자는 글로써 벗을 모으고 벗으로써 어짐을 돕느니라 하시니 대개 사람이 능히 허물이 없지 못하고 벗은 도로 책하는데 있는 고로 사람이 써 그 덕성을 이루는 바 진실로 스승과 벗의 공에서 큼이 없나니라 비록 그러하나 벗이 유익한 벗이 있고 또 해로운 벗이 있으니 벗 취함을 가히 단정한 이로 아니치 못할찌니라。

[illegible]父母之餘氣하여 以爲人者ㅣ兄弟也ㅣ라 且人之方幼也에 [illegible]하 共被父母之恩者ㅣ 亦莫如我兄弟

就 취 나아갈

性 성 성품

食則連牀고하 枕則同衾하

婚 혼인 혼
姻 혼인 인
禮 예도 례
重 무거울 중
勤 부지런할 근
懷 품을 회
免 면할 면
死 죽을 사
没 빠질 몰
致 이를 치
喪 초상 상
報 갚을 보
恩 은혜 은
耕 갈 경
野 들 야

를 같이 한 이 형제 되고 부모의 형제 아저씨 되고 형제의 자식 조카 되고 아들의 처 며느리 되고 딸의 남편 사위 되나니라。

有夫婦然後에 有父子하니 夫婦者는 人道之始也ㅣ라 故로 古之聖人이 制爲婚姻之禮하여 以重其事하시니라

(意)부부 있은 연후에 아비와 자식이 있으니 부부란 것은 사람 도리의 시초이니라 그러므로 옛 성인이 혼인의 예를 만들어 그 일을 중하게 하시니라。

人非父母면 無從而生이라 且人生三歲然後에 始免於父母之懷故로 欲盡其孝則服勤至死하고 父母ㅣ 没則致喪三年하여 以報其生成之恩이니라

(意)사람이 부모 아니면 세상에 나오지 못하고 또 낳은지 세살 후래야 비로소 어머니의 품에서 떨어지니 효도를 극진히 하고자 한들 수고로움을 복행하여 죽음에 이르고 부모 돌아가시면 삼년상을 극진히 마침으로써 그 낳아 기르신 은혜를 갚을지니라。

耕於野者는 食君之土하고 立於朝者는 食君之祿이니 人이 固非父母則不生이요 亦非君則不食故로 臣之事君이 如子事父하여 唯義所在則舍命效忠이니라

(意)들에서 밭가는 이는 임금의 땅을 먹고 조정에 섰는 이는 임금의 녹을 먹나니 사람이 진실로 부모 아니면 낳지 못하고 또한 임금이 아니면 먹지도 못하는 고로 신하가 임금 섬기기를 자식이 아비 섬김 같이 하여 오직 의의 있는 바이면 목숨을 버

祿 녹록
輩 무리 배
踰 넘을 유
況 하물며 황
鄕 시골 향
黨 무리 당
敬 공경할 경
齒 이 치
爵 벼슬 작
德 큰 덕
輔 도울 보
蓋 덮을 개
責 책할 책
就 나갈 취
性 성품 성

리고 충성을 효측할찌니라。

人於等輩에 尙不可相踰어든 況年高於我하고 官貴於我하고 道尊於我者乎아 故로 在鄕黨則敬其齒하고 在朝則敬其爵하여 尊其道而敬其德이 是禮也니라

(意)사람의 무리에 가히 서로 넘지 못하거든 하물며 나이 나보다 많고 벼슬이 나보다 귀하고 도가 나보다 높은이랴? 그런고로 향당에 있으면 그 나이를 공경하고 조정에 있으면 그 벼슬을 공경하여 그 도를 존중이하며 그 덕을 공경함이 이것이니라。

曾子ㅣ曰君子는 以文會友하고 以友輔仁이시라 하니 蓋人不能無過而朋友는 有責善之道故로 人之所以成就其德性者는 固莫大於師友之功이라 雖然이나 友有益友하고 亦有損友하니 取友를 不可不端也니라

(意)증자(이름은 參 자는 子輿)ㅣ 말씀하시기를 군자는 글로써 벗을 모으고 벗으로써 어짐을 돕느니라 하시니 대개 사람이 능히 허물이 없지 못하고 벗은 도로 책하는데 있는고로 사람이 써 그 덕성을 이루는 바 진실로 스승과 벗의 공에서 큼이 없나니라 비록 그러하나 벗이 유익한 벗이 있고 또 해로운 벗이 있으니 벗 취함을 가히 단정한 이로 아니치 못할찌니라。

同受父母之餘氣하여 以爲人者ㅣ 兄弟也ㅣ라 且人之方幼也에 食則連牀하고 枕則同衾하여 共被父母之恩者ㅣ 亦莫如我兄弟

師 스승 사
連 연할 련
牀 평상 상
衾 이불 금
被 입을 피
疎 성길 소
究 궁구할 구
慈 사랑 자
撫 만질 무
接 접할 접
恭 공손 공
族 일가 족
謂 이를 위
稟 품할 품
具 갖출 구

也ㅣ라 故로 愛其父母者는 亦必愛其兄弟니라

(意)한가지로 부모의 남은 기운을 받아 사람이 되는 이 형제라 또 사람이 어려서부터 한 상에서 밥을 먹고 한 이불에 잠자며 한가지로 부모의 은혜를 입었으니 나의 형제 같은 이 없는지라 그러한고로 그 부모를 사랑하는 이 또한 반드시 그 형제를 사랑 하느니라。

·宗族이 雖有親疎遠近之分이나 然이나 推究其本則同是祖先之骨肉이니 苟於宗族에 不相友愛則是는 忘其本也ㅣ라 人而忘本이면 家道ㅣ 漸替니라

(意)종족이 비록 친하며 성기며 멀며 가까운 분수 있으나 그러나 그 근본을 밀우어 찾으면 한가지로 조선의 골육이니 진실로 종족에게 서로 우애 않으면 이는 그 근본을 잊음이라 사람이 근본을 잊으면 가도가 점점 바뀌느니라。

父慈而子孝하며 兄愛而弟敬하며 夫和而妻順하며 事君忠而接人恭하며 與朋友信而撫宗族厚면 可謂成德君子ㅣ니라

(意)아비는 사랑하고 자식은 효도하며 형은 사랑하고 아우는 공경하며 남편은 화목하고 아내는 순종하며 임금 섬김을 충성히 하고 사람 대접함을 공손히 하며 벗으로 더불어 미쁘게 하고 종족 무휼함을 두터이 하면 가히 덕을 이룬 군자라 이르니라。

凡人稟性이 初無不善이니 愛親敬兄하며 忠君弟長之道ㅣ 皆己具於吾心之中이니 固不可求之於外面而惟在我力行而不已也ㅣ니라

體 몸 체　驗 징험 할험　吾 나 오　勉 힘쓸 면　忠 충성 충　信 믿을 신　節 마디 절　叙 펼 서　收 걷을 수　斂 걷을 렴　切 간절 절　容 얼굴 용　重 무거울 중　恭 공손 공　端 끝 단

(意)무릇 사람의 품수한 성격이 처음에 착하지 않음이 없고 어버이를 사랑하고 형을 공경하며 임금께 충성하고 어른에게 공손하는도다 이미 내 마음 가운데 갖췄으니 진실로 가히 외면에 구치 못할 것이오 오직 내 힘써 행하고 그치지 아니함에 있나니라。

人非學問이면固難知其何者ㅣ爲孝ㅣ며何者ㅣ爲忠이며何者ㅣ爲弟ㅣ며何者ㅣ爲信故로必須讀書窮理하여求觀於古人하며體驗於吾心하여得其一善하여勉行之則孝弟忠信之節이自無不合於天叙之則矣라니

(意)사람이 배움이 아니면 진실로 그 어떤 것이 효가 되고 어떤 것이 충이 되고 어떤 것이 제가 되고 어떤 것이 신이 됨을 알것기 어려운 고로 반드시 모름지기 글을 읽어 이치를 늘 생각하여 옛 사람에 구하여 보며 내 마음에 몸에다 증험을 하여 그 한가지 착한 것을 얻어 힘써 행하면 효와 제와 충과 신의 절차 스스로 하늘이 차례한 법에 합당치 아니함이 없나니라。

收斂身心이莫切於九容이니所謂九容者는足容重하며手容恭하며目容端하며口容止하며聲容靜하며頭容直하며氣容肅하며立容德하며色容莊이라

(意)몸과 마음을 수렴함이 아홉 모양에서 간절함이 없으니 이른바 아홉 모양이란 것은 발의 모양은 무거우며 손의 모양은 공손하며 눈의 모양은 단정하며 입의 모양은 가만이 있으며 소리의 모양은 안정하며 머리의 모양은 곧으며 기운의 모양은 엄숙하며 섯는 모양은 유덕하며 낯빛 모양은 씩씩 함이니라。

聲 소리 성
頭 머리 두
靜 고요 정
直 곧을 직
肅 엄숙할 숙
德 큰 덕
莊 씩씩할 장
進 나아갈 진
智 슬기 지
思 생각 사
視 볼 시
聽 귀밝을 총
貌 얼굴 모
疑 의심 의
忿 분할 분

進學益智는 莫切於九思니 所謂九思者는 視思明하며 聽思聰하며 色思溫하며 貌思恭하며 言思忠하며 事思敬하며 疑思問하며 忿思難하며 見得思義니라

(意)배움에 나아가며 지혜를 더함에 아홉 생각에서 간절함이 없으니 이른 바 아홉 생각이란 것은 보는데 밝음을 생각하며 들음에 총명함을 생각하며 낯빛은 온화함을 생각하며 모양은 공순함을 생각하며 말씀에는 충성을 생각하며 일에는 공경함을 생각하며 의심됨에 묻기를 생각하며 분함에 온화함을 생각하며 얻음을 봄에 옳음을 생각함이라。

明文啓蒙篇 終

修身

一生心法은 天下萬物에 物我無間고하 日用行事는 分內百務에 終始有常되하 孝爲行之源오이 忠爲德之主는 忠孝有缺면이 餘何可問가 非父母則不生니이 欲報之德대인 昊天罔極오이 無君國則難容니이 欲盡其職대인 夙夜罔愆라이 推此以往면이 何適而非道아 夫婦는 人倫之始요 福祿之源라이 必當和敬여하 相待如賓오이 兄弟는 二親所愛요 一己所分라이 必當友恭여하 毋或怨怒요 朋友는 明倫之輔요 聚德之隣라이 必擇而交之며하 久而敬之여하 毋或褻狎오이 親戚은 祖宗之所均視요 血脈之所通貫라이 雖疎遠도이라 必以敦睦되하 其或窮乏則尤當溫恤오이 鄕黨은 父兄宗族之所共處也요 生長事育之所由寓也라 必德業相勸며하 過失相規며하 禮俗相交며하 患難相恤여하 毋或相失되하 大抵老者를 必敬而安之며하 少者를 必愛而懷之여하 勿以矜己之心로으 妄自尊大고하 勿以肥己之慾로으

恣意橫逆하라 妄自尊大者는 人이 卑小之하고 恣意橫逆者는 天이 誅滅之하나니 可不懼哉며 不可愼哉아 耕織俱勤이면 何患乎凍餒며 才德兼全이면 何患乎卑賤이며 恩義廣施면 何患乎孤弱이리오 孔子ㅣ 曰積善之家에 必有餘慶하고 積不善之家에 必有餘殃이라하시고 孟子ㅣ曰禍福이 無不自己求之者라하시고 朱子ㅣ 曰勤謹二字를 循之以上하면 有無限好事라하시니 豈不信乎며 崇不信乎아 凡我青年諸子는 其宜勉焉하며 其宜勉焉이니라

修身

자신의 몸을 닦아 성행(性行)을 바르게 갖는 것。

한평생 마음을 쓰는 법은 천하의 만물에 있어 사물과 나와에는 틈이 없어야 하고, 일용하는 행사는 안으로 백 가지 일을 분별함에 처음부터 끝까지 상도(常道)가 있어야 하되 효도로써 행실의 근원을 삼아야 하고, 충성으로써 덕의 주축(主軸)을 삼아야 할 것이다。 충효에 모자람이 있으면 나머지는 무엇을 물을 게 있겠는가? 부모가 아니면 태어나지 못했을 것이니, 그 은덕을 갚고자 하건대 하늘과 같이 넓고 커서 다함이 없을 것이고, 임금과 나라가 없으면 국민으로서 포용되기는 어려울 것이다。 그 직분을 다하고자 하건대 아침 일찍부터 밤 늦게까지 어그러짐이 없이 하라。

이로 미루어 이왕을 알고자 하면 무엇이 사리에 맞는 것이고 도리가 아닌 것일까? 부부는 인

륜의 시초요 복록의 근원이다。반드시 당연히 화목하고 공경하여 서로 손님같이 대접하고、형제는 양친이 다같이 사랑하는 바고 한 몸이 나뉜 바다。반드시 당연히 우애하고 공순하여 혹시나 원망하고 성내지 말 것이고、친구는 인륜을 밝히는데 도움이 되고 덕을 모아 쌓는데 이웃이 된다。반드시 가려서 사귀며 오래까지 공경하여 혹시나 버릇없이 굴지 말 것이고、친척은 역대의 조상들이 똑같이 여기는 바며 혈맥이 관통하는 바다。비록 성기고 멀지라도 반드시 돈독하고 화목함으로써 하되 그가 혹시나 궁핍하면 더욱 마땅히 따뜻하게 구휼하고、향당은 아버지·형·종족이 같이 사는 곳이고 낳고·자라고·섬기고·기르는 붙여 사는 곳이다。반드시 덕업을 서로 권하며 잘못을 서로 규제하며 예속을 서로 교류하며 환난을 서로 구휼하여 혹시나 서로 잃는 일이 없게 하되 대체로 늙은이를 반드시 공경하여 편안하게 하며、젊은이를 반드시 사랑하고 품어주어서 뽐내는 마음으로써 함부로 스스로를 존대하지 말고、자기를 살찌게 하는 욕심으로써 방자하게 마음을 횡역(橫逆)하지 말라。함부로 스스로를 존대하는 자는 남이 비소(卑小)하게 여기고、방자하게 마음을 횡역하는 자는 하늘이 베어 없앤다。두려워하지 않을 수 있으며 삼가지 않을 수 있겠는가? 밭을 갈고 필육을 짜아 모두 부지런히 하면 어찌 얼고 굶주림을 근심하며、재주와 덕을 겸하여 완전하면 어찌 낮고 천함을 근심하며、은혜와 정의를 널리 베풀면 어찌 외롭고 약함을 근심하겠는가? 공자께서 말씀하시기를、(역경에 있는 말)『착한 일을 쌓는 집은 반드시 남은 경사가 있고、착하지 못한 일을 쌓는 집은 반드시 남은 재앙이 있다』하셨고、 맹자께서 말씀하시기를、『화복은 자신으로부터 이를 구하지 않는 자가 없다 (곧 화복은 자초하는 것이라는 말)』하셨고、주자는 말하기를、『근근(勤謹) 두 글자를 이상과 같이 좇으면 끝이 없는 좋은 일이 있다』하였으니、어찌 믿지 않으며 어찌 믿지 않겠는가? 무릇 우리 청년 제군은 그것을 마땅히 힘써야 하며 그것을 마땅히 힘써야 할 것이다。

一字異音

( ) 안의 音은 通音

字	뜻	음	예
降	내릴	강	降雨(강우)
	항복할	항	降伏(항복)
乾	하늘	건	乾坤(건곤)
	마를	간	乾淨(간정)
更	다시	갱	更新(갱신)
	고칠	경	更迭(경질)
車	수레	거	車馬(거마)
	바퀴	차	汽車(기차)
見	볼	견	見學(견학)
	나타날	현	謁見(알현)
契	계약할	계	默契(묵계)
	나라이름	글	契丹(글안)
	근고할	결	契活(결활)
告	알릴	고	告白(고백)
	뵙고청할	곡	出必告(출필곡)
句	구절	구	句讀(구두)
	〃	귀	語句(어귀)
龜	거북	귀	龜鑑(귀감)
	틀	균	龜裂(균열)
	나라이름	구	龜玆(구자)
金	쇠	금	金屬(금속)
	성	김	金氏(김씨)
內	안	내	國內(국내)
		나	內人(나인)
丹	붉을	단	丹楓(단풍)
		란	牡丹(모란)
	나라이름	안	契丹(글안)
糖	설탕	당	糖分(당분)
	〃	탕	雪糖(설탕)
宅	살	댁	宅內(댁내)
	집	택	宅地(택지)
度	법도	도	法度(법도)
	헤아릴	탁	忖度(촌탁)
洞	동네	동	洞里(동리)
	꿰뚫을	통	洞察(통찰)
讀	읽을	독	讀書(독서)
	귀절	두	句讀(구두)
復	돌아올	복	往復(왕복)
	다시	부	復活(부활)
不	아닐	불	不吉(불길)
	〃	부	(ㄷ·ㅈ아래서) 不當(부당) 不正(부정)
否	아닐	부	否認(부인)
	막힐	비	否塞(비색)
北	북녘	북	南北(남북)
	패하여 달아날	배	敗北(패배)
分	나눌	분	分配(분배)
		푼	分錢(푼전)
寺	절	사	寺院(사원)
	내시	시	寺人(시인)
殺	죽일	살	殺生(살생)
	〃	시	殺逆(시역)
	감할	쇄	相殺(상쇄)
塞	변방	새	要塞(요새)
	막을	색	拔本塞源(발본색원)
索	찾을	색	索引(색인)
	흩을	삭	索莫(삭막)
數	두어	수	數學(수학)
	자주	삭	頻數(빈삭)
	빽빽할	촉	數罟(촉고)
省	살필	성	反省(반성)
	덜	생	省略(생략)
泄	샐	설	漏泄(누설)
	많을	예	泄泄(예예)
說	말씀	설	說話(설화)
	달랠	세	遊說(유세)
	기뻐할	열	說喜(열희)
識	알	식	知識(지식)
	기록할	지	標識(표지)
率	거느릴	솔	統率(통솔)
	셀이름	률	比率(비율)
食	먹을	식	食事(식사)
	밥	사(吉音)	簞食(단사)
什	열사람	십	什長(십장)
	세간	집	什器(집기)
拾	주울	습	拾得(습득)
	열	십	拾圓(십원)
沈	잠길	침	沈沒(침몰)
	성	심	沈淸(심청)
樂	즐거울	락	快樂(쾌락)
	풍류	악	音樂(음악)
	좋아할	요	樂山(요산)
惡	모질	악	善惡(선악)
	미워할	오	憎惡(증오)
若	같을	약	若干(약간)
	불경	야	般若經(반야경)
易	바꿀	역	貿易(무역)
	쉬울	이	容易(용이)
厭	싫을	염	厭世(염세)
	덮을	엄	厭然(엄연)
葉	잎	엽	落葉(낙엽)
	지명	섭	伽葉(가섭)
咽	목구멍	인	咽喉(인후)
	목멜	열	嗚咽(오열)
刺	찌를	자	刺客(자객)
	〃	척	刺殺(척살)
狀	문첩	장	賞狀(상장)
	모양	상	狀態(상태)
著	밝을	저	著書(저서)
	붙을	착	到著(도착)
提	끌	제	提携(제휴)
		리	菩提(보리)

제 례(祭禮)

시제(時祭)

사시(四時)의 길일(吉日)에 시제(時祭)를 옛사람들은 모셨으나 현대(現代) 대중(大衆)들은 설날(正月初一日) 한식날(寒食日) 추석날(八月十五日)만 모시되 무축(無祝)으로 단잔(單盞)이다.

기제변의(忌祭辨疑)

윤달에 별세하였으면 본달에 행한다. 큰달 그믐날(三十日) 별세 하였으면 작은달에는 二十九日에 행한다. 밤중 자시(子時)부터 인시(寅時) 중간에 행한다. (現午前零時 二時사이) 집을 나간후 생사(生死)를 알지 못하는 사람의 제사를 모실 때에는 집떠나간 날을 기일(忌日) (제사날)로 정하여 행한다. 상중에 상주는 제사치 못하니 타친(他親)을 시켜 무축 단잔으로 고사만 한다.

제주(祭主)

제주는 반드시 종자(맏아들)가 된다. 지손은 제주가 될수 없으나 부득이한 경우는 이유를 달아 대행한다.

기일전일재계(忌日前日齊戒)

기일(제사날) 하루전에 목욕하고 엄숙과 정성을 다하여 설전을 준비하되 친가 유무대로함.

지방쓰는법(紙榜作成)

목욕 세수하고 의관을 정돈하고 꿇어앉아서 지방을 만들 것. 망자수재(亡子秀才), (열 여덟살 미만의 죽은자식) 숙부(叔父) (작은아버지)는 현중계고(顯中季考)라 쓸 것。

高祖父母紙榜(고조부모지방)

顯高祖妣孺人晉州金氏 神位(현고조비유인진주김씨 신위)

顯高祖考學生府君 神位(현고조고학생부군 신위)

曾祖父母紙榜(兩位)(증조부모지방)

顯曾祖妣孺人慶州李氏 神位(현증조비유인경주이씨 신위)

顯曾祖考學生府君 神位(현증조고학생부군 신위)

祖父母紙榜(三位)(조부모지방)

顯祖妣孺人義城金氏 神位(현조비유인의성김씨 신위)

顯祖妣孺人安東金氏 神位(현조비유인안동김씨 신위)

顯祖考學生府君 神位(현조고학생부군 신위)

父母紙榜(부모지방)

顯妣孺人河東鄭氏 神位(현비유인하동정씨 신위)

顯考學生府君 神位(현고학생부군 신위)

男便紙榜(남편지방)

顯辟學生府君 神位(현벽학생부군 신위)

妻의紙榜(처지방)

故室孺人全州柳氏 神位(고실유인전주유씨 신위)

伯父母紙榜(백부모지방)

顯伯妣孺人光山金氏 神位(현백비유인광산김씨 신위)

顯伯考學生府君 神位(현백고학생부군 신위)

叔父母紙榜(숙부모지방)

顯叔妣孺人金城王氏 神位(현숙비유인금성왕씨 신위)

顯叔考學生府君 神位(현숙고학생부군 신위)

子息內外紙榜(자식내외지방)

子婦密陽朴氏 神位(자부밀양박씨 신위)

亡子學生吉童 神位(망자학생길동 신위)

兄內外紙榜(형내외지방)

顯兄嫂孺人晉州金氏 神位(현형수유인진주김씨 신위)

顯兄學生府君 神位(현형학생부군 신위)

祭物차려 놓는法

紙榜 (양위도)

밥 잔 국 수저 밥 잔 국 떡
초 국수 떡 육물 적 | 어물 국수 초
탕 탕 탕 탕 탕
자반 포 숙채 간장 식혜 김치
능금 감 배 밤 대추

모사 향로 향합

紙榜 (단위도)

수저 밥 잔 국 초
국수 육물 적 어물 떡
탕 탕 탕 탕 탕
포 숙채 간장 식혜 나물
능금 감 배 밤 대추

모사 향로 향합